Severin renoviert

Eusebius Wirdeier

Severin
renoviert

Ein Fotobuch mit Texten
von Rosemarie Amberge,
Barbara Ellerbrok, Jens Kratzheller,
Joachim Oepen, Anna Pawlik,
Johannes Quirl, Ingrid Rasch
und Christoph Schaden

Katholische Kirchengemeinde St. Severin Köln · 2017

Zweieinhalb Jahre

Am Sonntag, dem 21. September 2014, haben wir die Elf-Uhr-Messe in St. Severin mit gemischten Gefühlen gefeiert: Am Ende der Messe wurde der Severinusschrein in die Krypta getragen und anschließend das Hauptportal geschlossen. Ich stand im Kirchenraum und empfand eine seltsame laute Stille.

Da hofften wir noch, in spätestens zwei Jahren die Türen zur frisch renovierten Kirche wieder öffnen zu können. Nun sind es zweieinhalb Jahre geworden – eine Zeit, in der viel passiert ist.

Es fing schon mit dem Ausräumen an: Die Küster hätten nie geahnt, wie viele Gewänder, Geräte, Bücher, Kerzen usw. an andere Orte verbracht werden müssten – und vor allem so verstaut, dass sie bei Bedarf schnell auffindbar sind. Das Sichern beziehungsweise vorsichtige Herausbringen der Kunstgegenstände ist mit nichts anderem als mit „abenteuerlich" zu bezeichnen. Ein eigenes Thema war das staubdichte Einpacken der Orgel.

Zwischendurch sah das Innere der Kirche durch die Einhausung von Altar, Chorgestühl und Epitaphen aus, als wenn Christo in ihr tätig gewesen wäre. Doch sollten die Veränderungen schnell weiter gehen und ein „ah" und „oh" auslösen. Nach der Einrüstung der Kirche von außen wurde die Kirche auch von innen komplett eingerüstet, um die anstehenden Arbeiten auch vor Ort angehen zu können. Alle, die sich in dieser Zeit eine Kirchenführung gegönnt haben, kamen aus dem Staunen über neue Perspektiven, die Nähe zu den in dieser Zeit berührbaren Schlusssteinen und vielem mehr nicht mehr heraus.

Zweieinhalb Jahre stand St. Severin für Gemeindemitglieder, Beter, Besucher ... nicht zur Verfügung. Und doch ergab es sich fast wie von selbst, dass ganz viel von St. Severin an anderen Orten zu finden war.

Am Sonntagmorgen und zu den Pfarrfesten feierten wir Gottesdienste in St. Maternus; dorthin kamen mit der Pietà sowie dem Diptychon „Karfreitag in der Severinstraße" von Jürgen Hans Grümmer auch lieb gewonnene Ausstattungsstücke der Severinskirche.

Das Corneliushorn, als Reliquiar im gottesdienstlichen Gebrauch sonst so gut wie nie verliehen, war zu Gast im Museum Schnütgen, in dessen Kirche St. Cäcilien wir dann auch eine Severinusmesse feiern konnten.

Der Severinusschrein wurde in der Werkstatt der Domgoldschmiede überarbeitet. Und schließlich waren mit den 20 Bildern des Severinuszyklus, dem Salierkreuz und dem Gabelkruzifix einige hochrangige Kunstwerke aus St. Severin in Kolumba, dem Kunstmuseum des Erzbistums Köln, ausgelagert womit die dortigen Kuratoren 2015/2016 in Verbindung mit anderen Objekten die wundervolle Jahresausstellung „Der rote Faden. Ordnungen des Erzählens" präsentierten.

Schließlich war der Barthel-Bruyn-Altar ebenfalls in Kolumba zu Gast und wurde dort in langen Monaten von seiner alten, unansehnlich gewordenen Firnis befreit, bevor er dann im Turmraum von Kolumba noch für drei Monate aufgestellt werden konnte.

Die in der Zeit der Renovierung am meisten gestellte Frage lautete: „Wann maat Ihr de Kirch widder op?" Lange konnten wir diese Frage selbst nicht beantworten. Aber dank unseres Architekten, gut arbeitender Handwerker und nicht zuletzt einer unermüdlichen Baubegleitung von seiten der Pfarrgemeinde, der Denkmalpflege und der entsprechenden Stellen des Erzbistums ist es trotz im Vorhinein nicht einkalkulierbarer Zusatzarbeiten – im Gegensatz zu BER, Nord-Süd-Stadtbahn oder Stuttgart 21 – gelungen, sowohl im Kostenrahmen als auch einigermaßen im Zeitrahmen zu bleiben. Ausdrücklich möchte ich mich bei den beiden Kirchenvorstandsmitgliedern Barbara Ellerbrok und Dr. Joachim Oepen bedanken. Ohne ihr unermüdliches Engagement wäre die Renovierung so und so schnell nicht gelungen.

Wie immer bei einem solch großen Projekt waren Handwerker aus vielen Bereichen beteiligt. Mir als Anwohner hat es Spaß gemacht, täglich die unterschiedlichen Dialekte zu hören: Tiefstes Eifel-Platt der Steinmetze, Sauerländer Tonfall der Dachdecker und herrlich-gurgelndes Anhaltisch und Thüringisch der Gerüstbauer, um nur einige zu nennen. Nicht so viel Spaß hatte ich übrigens, wenn schon morgens um sieben Uhr von den Steinmetzen der Kompressor hochgefahren wurde und anschließend mit dem Meißel das Wegbohren und Ausstemmen der morschen Füllungen in den Fugen begann – ein Geräusch, das unangenehm an den Zahnarzt erinnerte ...

Immer wieder begegnete ich vor der Kirche, hinter der Kirche, auf den Gerüsten usw. dem Fotografen Eusebius Wirdeier, dem wir dieses Fotobuch verdanken. Spannend und faszinierend, wie er aus seiner Sicht und durch die Linse seiner Kameras viel Atmosphärisches aus der Umbauzeit festgehalten hat. Herzlichen Dank dafür!

Und nun sind die Arbeiten (fast) beendet, die Kirchenportale wieder geöffnet, erstrahlt St. Severin in buchstäblich neuem Licht und neuem Glanz. Wir als Kirchengemeinde wollen offene Kirche sein. Dazu gehört, dass wir eine geöffnete Kirche haben. Vielen Dank allen ehrenamtlichen Mitarbeitern und Mitarbeiterinnen, die im Kreis „Offene Kirche" dies ermöglichen helfen!

Denn unsere Kirche ist kein Museum, sondern will helfen, dass Menschen einen Ort der Ruhe und Besinnung, einen Ort der Begegnung mit Gott und mit anderen finden. Meine Freude über die Wiedereröffnung möchte ich mit Worten aus Psalm 22 ausdrücken: „Ich freute mich, als man mir sagte: ‚Zum Haus des Herrn wollen wir pilgern.‘ Schon stehen wir in deinen Toren ... Wer dich liebt, sei in dir geborgen. Friede wohne in deinen Mauern, in deinen Häusern Geborgenheit. Wegen meiner Schwestern, Brüder und Freunde will ich sagen: In dir sei Friede. Wegen des Hauses des Herrn, unseres Gottes, will ich dir Glück erflehen."

Pastor Johannes Quirl

... damit alles bleibt, wie es ist

Köln, am 12. März 1945: Gerade seit sechs Tagen ist Köln von amerikanischen Truppen besetzt – lieber ist mir zu sagen: befreit –, da stehen drei amerikanische GI's vorm Westturm von St. Severin und schauen staunend auf den Figurenfries über dem Eingangsportal. Der ist vollkommen unzerstört, während der Turm selbst eine ausgebrannte Ruine darstellt, in der meterhoch der Schutt liegt und aus dem türenlosen Portal herausquillt. Dieses Foto kommt mir oft in den Sinn, wenn ich die Severinskirche betrete, denn der Figurenfries ist noch heute unverändert da, während der Turm längst restauriert ist, Türen und ein farbenfrohes Westfenster hat. So sehe ich genau dasselbe, was vor mehr als 70 Jahren die GI's sahen, und doch ist es irgendwie anders, eben weil drumherum alles anders geworden ist – längst nicht nur der Kirchturm! –, und weil auch mein Blick auf St. Severin ein anderer ist.

Und auch der verändert sich im Laufe der Jahre. Als Kind hörte ich durchaus ehrfürchtig zu, wenn erzählt wurde, dass St. Severin die Taufkirche meiner Mutter war, dass meine fromme Urgroßmutter hier beinahe täglich zur Messe ging. Irgendwann wuchs ich selbst in die Gemeinde hinein, erlebte sie als ausgesprochen vielfältig und lebendig, mit allen kleinen und großen Festen des Kirchenjahres und – naja, wir sind ja in Köln – der Fastelovendssession. Ein Fenster zur langen Geschichte von St. Severin gab es mit dem Ausgrabungsbezirk unter der Kirche schon seit langem, ein Fenster, das Heinrich Böll, auch ein Kind des Veedels, so schön mit „tief unter St. Severin – dort, wo Köln beginnt" beschrieben hat. Dann kam aber 1999 die Öffnung des Severinsschreins, bei dem sich dieses Fenster wie eine Wunderkammer ganz weit geöffnet hat: faszinierende Tücher, teils aus hauchdünner kostbarer Seide, mehr als ein Jahrtausend alt und doch von verschwenderischer Farbenpracht, aus einem fremden, dem frühen islamischen Kulturkreis, dann das ganz unbekannte und erste Siegel eines Kölner Erzbischofs überhaupt, die schlichte und doch so faszinierende Reliquienlade aus dem 10. Jahrhundert,

nicht zu vergessen die Knöchelchen der Mäuse, die viele Jahrhunderte ganz nahe bei denen des Heiligen lagen ... – alles von großer wissenschaftlicher Bedeutung, aber schlichtweg auch ein anhaltendes Faszinosum. Und selbstverständlich ändert sich dadurch wieder mein Blick auf St. Severin, entsteht Verständnis, ja Respekt, vor einer so langen zeitlichen Reihe vieler Jahrhunderte gelebten Glaubens an diesem Ort. Diese Gedanken habe ich oft versucht, in Führungen und Exkursionen zu vermitteln, und dabei fällt es mir schwer, das Kirchengebäude einfach als „tote Steine" anzusehen. Nein, ich finde, es erzählt mit allem was drin und drunter ist, ganz viel von dem, was Menschen einst gedacht, geglaubt und erhofft haben.

Wenn wir jetzt St. Severin renovieren, dann verändert sich nicht nur unser Blick auf die Kirche, sondern sichtbar auch das Kirchengebäude selbst – am Besten erlebbar im Innenraum. Darf man das? Klar, sensibel, behutsam, „nach Befund" und in Abstimmung mit den diversen Denkmalbehörden wird renoviert, also alles ordnungsgemäß. Und doch bleibt die Frage: Ist es legitim, für uns heute den Kirchenraum so zu verändern, dass er die Menschen anspricht? „Wenn wir wollen, dass alles bleibt wie es ist, dann ist nötig, dass alles sich verändert", schreibt Tomasi di Lampedusa im „Il Gattopardo" (Der Leopard), und ich meine, das gilt auch hier. Wir wollen ja die lange Tradition, in welcher der Ort St. Severin steht, sichtbar und erfahrbar machen – und genau deshalb den Menschen heute ein Angebot machen, das Angebot eines Sakralraums, in dem Menschen sich geborgen und willkommen fühlen, ohne dass an der Schwelle gleich das Glaubensbekenntnis abgelegt werden muss. Kirche ist nicht für Kirche da, sondern für die Menschen – als Gebäude und als Institution. Und das alles in der Hoffnung, dass es so gelingt, lebendige Traditionen weiterzugeben.

Joachim Oepen

Aufgrund der Baumaßnahmen wird es in den folgenden Tagen zu Lärm- und Staubbelästigungen kommen.

Bitte entschuldigen Sie die momentanen Unannehmlichkeiten!

Katholische Kirchengemeinde
St. Severin Köln

Bitte die Tür geschlossen halten,

damit der Rauchabzug fehlerfrei

arbeiten kann!

Danke!

Lieblingsbaustelle

Wie kann eine Baustelle, auf der es meist dunkel, immer staubig, in den Herbst- und Wintermonaten empfindlich kalt, mitunter laut und – Achtung Gerüststange! – nicht ungefährlich ist, zu einem Lieblingsort werden?

Mit meinem Dienstantritt beim Erzbistum Köln im Dezember 2015 habe ich die Baumaßnahme in und an der Severinskirche gewissermaßen „geerbt". Die Vorbesprechungen waren über Jahre zwischen der Kirchengemeinde, dem Architekten, der kommunalen, staatlichen und kirchlichen Denkmalpflege gelaufen, die Ausstattung war in ihre unterschiedlichen Ausweichquartiere verbracht, Aufträge an Restauratoren waren erteilt und teils bereits ausgeführt – was konnte es hier noch zu tun geben, zumal für jemand, dessen Hauptbeschäftigungsfeld, die historische Ausstattung, größtenteils gar nicht mehr in der Kirche war? Seit dem Wiederaufbau nach dem Zweiten Weltkrieg bot die Baumaßnahme – die zu allererst die statisch beeinträchtigte Kirche sichern sollte – die Gelegenheit, die Ursprünge des Baus und seiner Ausstattung intensiv zu betrachten. Das Freilegen der Pfeiler, Bögen und Säulen ermöglichte es, dem Bau gewissermaßen „unter die Haut" zu blicken. So erwies sich die Severinskirche als ein Ort, dessen Geheimnisse es in vielerlei Hinsicht noch zu entdecken galt – verdeckte Inschriften auf Bilderrahmen, unterliegende Farbschichten auf den Kapitellen und Basen, die 1.000 Jahre alte Herkunft eines bislang eher unscheinbaren Schreinsgehäuses, Steinmetzzeichen aus drei Jahrhunderten, der unverhoffte Fund einer Grabplatte vom Beginn des 17. Jahrhunderts.

All diese Entdeckungen sind mehr als die Befriedigung wissenschaftlicher Neugier. Sie weisen über die Architektur, die Malerei, die Skulptur hinaus – auf die Menschen dahinter. Sie haben diese Werke vor langer Zeit geschaffen und gestaltet. Sie taten dies im Auftrag frommer Kölner, die ihr Gotteshaus bauen und schmücken und sich selbst so in das Gedächtnis ihrer Nachkommen einschreiben wollten, zur höheren Ehre Gottes, zur Freude der Menschen und im Glauben an die Beständigkeit ihrer Stiftungen und Werke.

Es ist ein Privileg, diesen Geheimnissen auf die Spur kommen zu dürfen, zumal in einem Team, in gutem kollegialem Austausch und den Blick darauf gerichtet, dass St. Severin heute inmitten einer trubeligen und sich stetig wandelnden Großstadt ein konstanter Ort geblieben ist, an dem sich Menschen versammeln, um Gottesdienst zu feiern, im stillen Gebet eine Kerze zu entzünden, sich zu begegnen. Dieses Bewusstsein blieb auch auf einer kalten, staubigen, lauten Baustelle spürbar. Notwendige Amtsgeschäfte rücken dabei angenehm in den Hintergrund – ein Lieblingsort, mit dem die Verbundenheit bleiben wird – auch, wenn die Kirche wieder hell, sauber, erwärmt und ganz leise ist.

Anna Pawlik

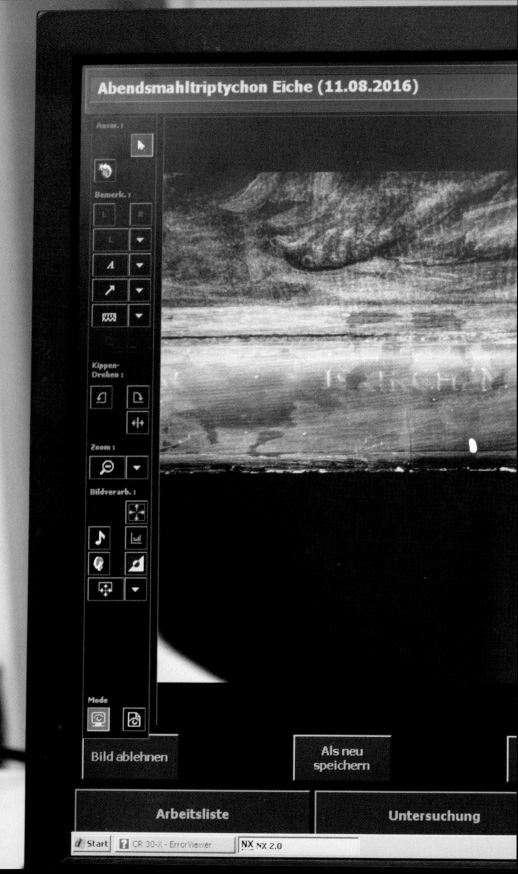

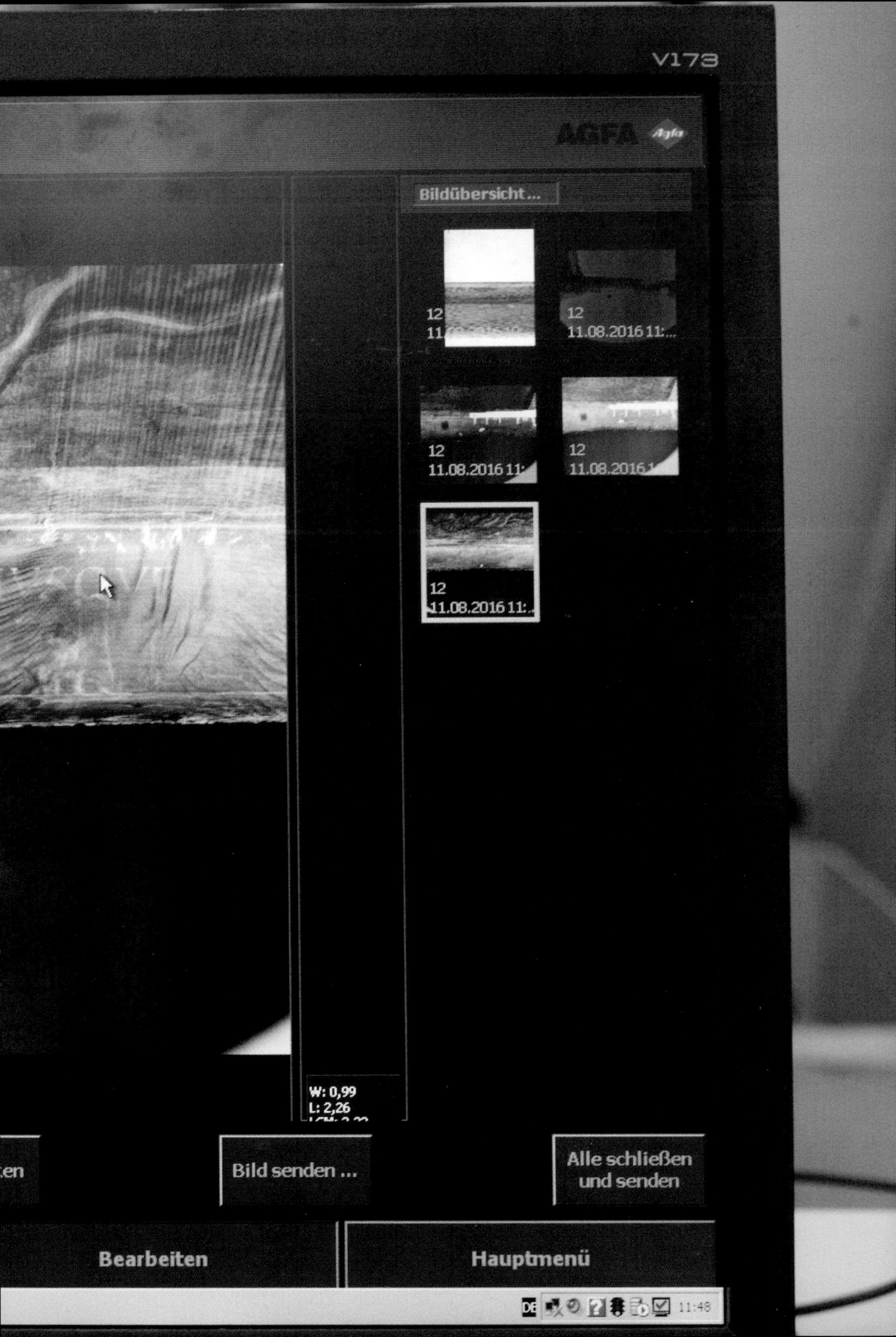

V173

AGFA *Agfa*

Bildübersicht...

12
11.08.2016 11:...

12
11.08.2016 11:...

12
11.08.2016 11:...

12
11.08.2016 11:...

12
11.08.2016 11:...

W: 0,99
L: 2,26

Bild senden ...

Alle schließen
und senden

Bearbeiten

Hauptmenü

DE   11:48

Hüllen

Vielleicht sollte ich – auch weil das Wort so schön ist – mit dem Blöckchendamast beginnen. Das winzige Stück Stoff wird seit einigen Jahren in der Südkrypta der Severinskirche aufbewahrt und wer es sehen will, muss sich etwas runterbeugen und es durch eine Lupe betrachten. Man wird beim ersten Mal wohl ein wenig den Kopf schütteln. Denn was es dem Auge preisgibt, ist wenig. Lapidar gesagt, sind es nur ein paar miteinander verwobene Fäden, kaum mehr als einen Quadratzentimeter groß. Wenn ich es betrachte, fällt mir immer wieder ein, wann von dem Damast zum ersten Mal die Rede war.

Vor gut zehn Jahren hatte sich gleich nebenan, im Pfarrheim von St. Severin, ein Kreis von Wissenschaftlern eingefunden, um die Ergebnisse eines Reliquienfundes auszuwerten. Der Schrein des heiligen Bischofs, den wir hier verehren, war zuvor geöffnet worden und man hatte darin einige Knochen gefunden, die in wertvolle Tücher eingewickelt waren. Unter anderem eben die Reste eines „Blöckchendamast", wie die Expertin das Gewebe damals bedeutungsvoll bezeichnete. Ursprünglich war es am Gebein eines menschlichen Oberschenkels angeheftet. Es hieß, unmittelbar nach seinem Ableben sei der Leichnam des Mannes umhüllt worden, der hier offenbar Gutes getan hatte und für würdig befunden wurde, fortan verehrt zu werden. Es hieß weiter, das wertvolle Textil, das aus dem östlichen Mittelmeerraum stamme, sei der Beleg für einen andauernden Lokalkult. Und vermutlich sei jenes spätantike Gewebe sogar älter als die Ursprungszelle, die unter der Severinskirche die Jahrhunderte überdauert hat.

Wir alle staunten. Es war mit einem Mal, als hätte sich ein Ursprung in dieses Blöckchendamast eingeschrieben. Als wäre dieser unscheinbare Fetzen Stoff tatsächlich die erste und älteste Hülle von etwas, dem wir nach all den Jahrhunderten eine Bedeutung geben und das wir heilig nennen. Dann wäre die jüngste Hülle wohl jene statthafte Kirchenarchitektur, die in den letzten tausend Tagen renoviert worden ist.

Es ist sonderbar, wie hier in St. Severin die Lebenden und die Toten auf ganz eigenwillige Weise miteinander verwoben sind. Müsste ich ein Wort nennen, um das Verhältnis zu beschreiben, würde ich sicher auf die steinerne Grabplatte eines Kindes verweisen, die in den Ausgrabungen unserer Kirche überdauert hat. Darauf steht in großen antiken Lettern: CONCORDIA. Dass die Menschen, die hier leben, im Sinne der Eintracht regelrecht geerdet sind, konnte ich oft genug beobachten. Ihr Beten und Schunkeln, Feiern und Parlieren, Verdrängen und Gedenken geschieht bis heute über einem riesigen Totenfeld, das rund tausend Jahre im Gebrauch war. Es ist unsichtbar und dennoch da. Einmal im Jahr, am letzten Sonntag im Oktober, versammelt sich die Gemeinde zu einer Prozession, der Severinusschrein wird dann durch die Straßen des Viertels getragen, das seinen Namen trägt. Auch dieser Schrein ist eine Hülle. Mir kommt es dann jedes Mal so vor, als wolle die Gemeinde dem heiligen Severin in einem kindlichen Gestus ihre Lebenswelt zeigen, als wolle sie ihm fröhlich sagen: „Schau her, lieber Bischof, wir sind noch da, dieses und jenes Haus hier steht noch! Erkennst du alles wieder?" Der Legende nach soll an diesem Tag ein Regen fallen. Einer, der das Land befruchtet, bevor der Winter kommt. Dann weiß ich: Der Himmel, in dem die Toten ruhen und die Lebenden tanzen dürfen, ist auf St. Severin ein Fleckchen Erde.

Vielleicht sollte ich noch die Fledermaus erwähnen. In den Sommermonaten besucht sie in den Stunden, wenn die Dämmerung anbricht, regelmäßig unseren Kreuzgang und dreht dort stoisch ihre Runden. Auch sie verwehrt sich dem Auge. Wer sie wahrnimmt, registriert allenfalls noch ein nervöses Flackern und ein helles Fiepen, ganz leise. Ich hoffe, sie kommt auch diesen Sommer wieder.

Christoph Schaden

Jahreswechsel

Seit vielen Jahren erlebe ich den Jahreswechsel in der Severinskirche, in der Regel vor der Krippe sitzend; bedingt durch die Sanierungsarbeiten seit 2014/15 in der Krypta. Die Krypta – ein wunderschöner, romanischer Raum und mir von Kindheit an vertraut. „Was man als Kind geliebt hat, bleibt im Besitz des Herzens bis ins hohe Alter", schreibt Khahil Gibran treffend. Das kann ich bestätigen.

Was ist anders beim Jahreswechsel in der Krypta? Zwei Kerzen brennen vor der Krippe auf engem Raum vorm Altar. Eine gemütliche und heimelige Atmosphäre ist spürbar. Von außen kommt kaum Licht herein. Beim nächsten Jahreswechsel kann ich, so Gott will, wieder vor der groß aufgebauten Krippe sitzen, darauf freue ich mich. Dann erleuchten die Raketen wieder die bunten Glasfenster und die Böller sind lauter zu hören als in der Krypta. Das Glockengeläut um 24 Uhr mischt sich mit dem Lärm von außen.

Bis auf einige Wochen im Sommer 2016 stand die Krypta während der Bauphase als Ort für Gebet und Gottesdienste zur Verfügung. Das Team „Offene Kirche" machte es möglich, dass Besucher an vier Tagen in der Woche diesen Teil der Severinskirche aufsuchen konnten. Viele Begegnungen mit Menschen von nah und fern bleiben in Erinnerung: Eine junge Frau lud mich nach unserem Gespräch in die Türkei ein, ein süddeutscher Gast gab Tipps zum Besuch in Freiburg für unsere Wallfahrt in den Schwarzwald, eine Besucherin engagierte sich spontan als Dolmetscherin für Besucher aus dem englischsprachigen Ausland, eine Japanerin hatte das Glück auf einen Besucher zu treffen, der ihre Sprache beherrschte und ihr meine Erläuterungen vermitteln konnte.

Die Monate, in denen der Schrein vor der Confessio stand, waren ein Highlight in dieser Zeit. Viele Besucher nutzten die Möglichkeit, die Medaillons und Figuren aus der Nähe zu studieren, wie es sonst nicht möglich ist, wenn der Schrein im Hochchor in seinem Gehäuse steht. Die Krypta erfuhr während der Zeit der Sanierung nicht nur durch die Besucher aus der Ferne viel Aufmerksamkeit, auch Menschen aus dem näheren Umkreis konnten sie für sich entdecken.

Dennoch fehlt mir die Oberkirche sehr. Die Aussicht, dass die Bauarbeiten bald beendet werden, macht mich froh. Es beschleicht mich aber auch ein wenig Angst, wenn ich an die Wiedereröffnung denke. Wird unsere Severinskirche noch die gleiche sein, wird sie noch einladen zum stillen Gebet, zur Besinnung, zum Trauern oder wird sie ein bewundertes Kunstwerk, ein gesicherter Bau? Dann denke ich an die Menschen unserer Gemeinde, und Hoffnung auf ein neues pulsierendes Leben kommt auf. Wir werden nicht zulassen, dass St. Severin den Ruf als lebendige Gemeinde verliert.

Rosemarie Amberge

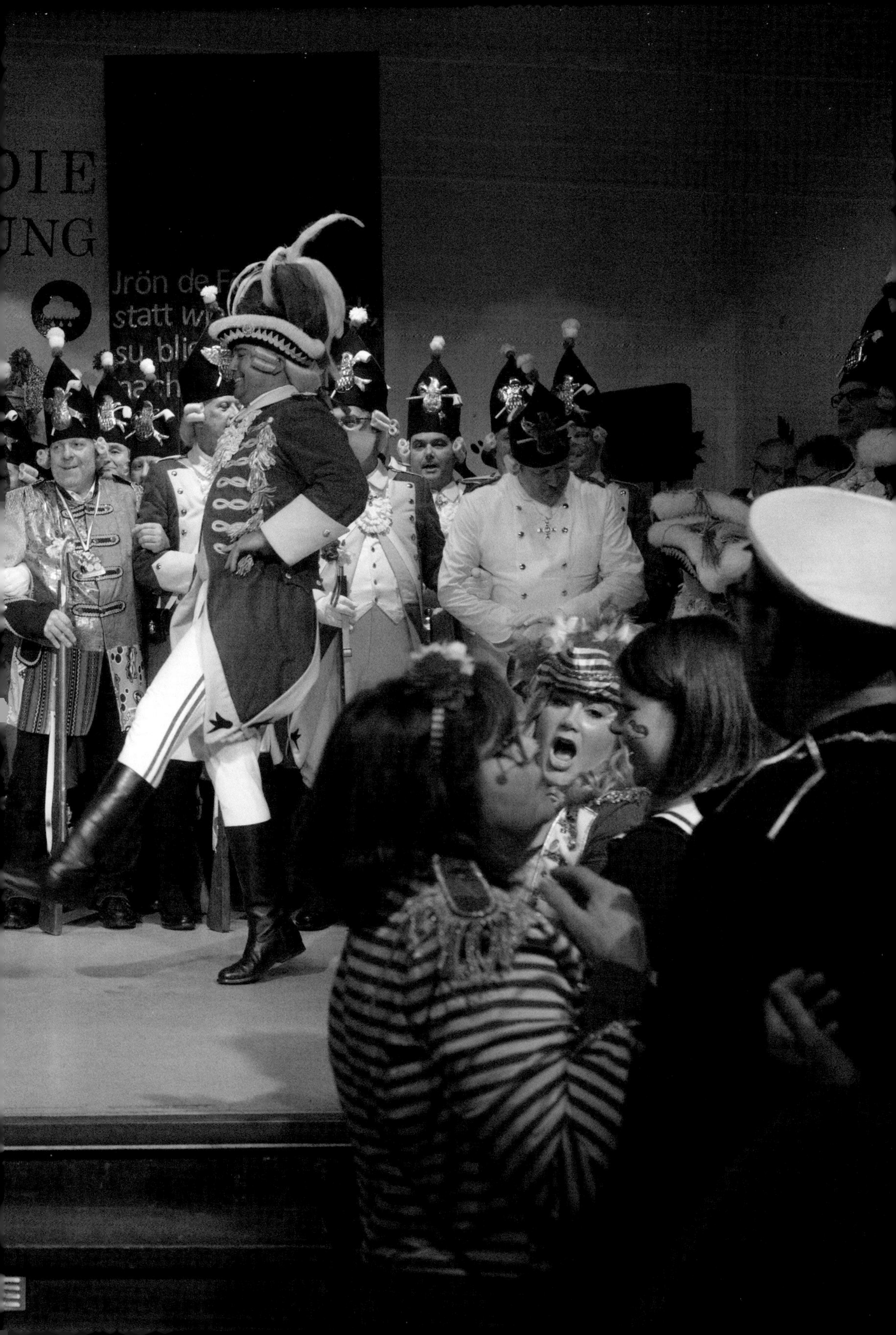
DIE
UNG

Engel

Mir kommen die Gerüstbauer manchmal wie Engel vor, wie sie da oben über die Rohre schweben und mit den Streben hantieren, besonders beim Auf- oder Abbau. Engel, die wenig reden, und ab und zu herabsteigen, wenn Maria Francisco, die Küsterin, von ihrem Verein Benfica Lissabon schwärmt und einen kurzen Auftritt hat. Auf einer Gitterbox mit Rohrkupplungen hockend wird sie vom Tom Wotoschek ins Kirchenschiff gefahren – und zack – wird der Hubwagen abgelassen. Mit der vollen Thermoskanne landet Maria punktgenau inmitten der Kolonne. Da würde ich als Engel auch kurz zurück auf den Boden kommen. Außerdem: der Kaffee ist schwarz, stark und heiß.

Christopher Orphal kommt zum Gespräch in Vertretung des erkrankten Kolonnenführers Tom Wotoschek. Diese große Baustelle in der Kirche hat ihn gereizt. „Da kann man sich richtig reinfuchsen", sagt er. Einen religiösen oder kirchlichen Bezug hat er nicht, nennt aber dann doch einen Unterschied zu anderen Baustellen: die Verbindung zu den Menschen vor Ort, der Küsterin ganz besonders (Kaffee!) und dem Küster, aber auch zu den Frauen im Pfarrbüro. „Alles ist viel persönlicher als sonst."

Im Gerüstbau arbeitet man in Kolonnen, und „man braucht Vertrauen in seine Kollegen, ist sehr aufeinander angewiesen." Die Kolonnen sollen möglichst zusammen bleiben, damit man sich nicht immer wieder neu eingewöhnen muss. Auch in der Lebenspartnerschaft und in Freundschaften braucht es Vertrauen, wenn man so lange Zeiträume voneinander getrennt ist.

Und Köln? „Köln ist schon einen Zacken schärfer als Erfurt", meint er, aber viele Möglichkeiten, die Stadt zu erkunden, hat er gar nicht, denn die Arbeiter wohnen in Königswinter, fahren gemeinsam hin und her. Aus seiner Heimat startet er montags früh um zwei Uhr, freitagmittags geht's zurück.

„Wir sind die ersten, die kommen und die letzten, die gehen, ohne uns geht nichts." Tom Wotoschek, der Kolonnenführer, ist selbstbewusst, und sein sächsischer Tonfall von der telefonischen Terminverabredung ist vor Ort kaum noch zu spüren. „Ich gebe mir auch richtig Mühe," schmunzelt der 30-jährige Dresdner.

Was ist besonders an unserer Kirche? „Man muss außergewöhnlich achtsam sein. Wenn etwas zerstört wird, sind das im Einzelfall unersetzbare historische Werte. Wir arbeiten an einem Teil einer langen Geschichte, das ist schon ein besonderes Gefühl." Es beeindruckt ihn, dass hier so viel investiert wird in den Kirchenbau – das wäre im Osten nicht so, meint er. Auch Wotoschek ist religiös nicht sozialisiert oder gebunden.

Er trage Verantwortung für Vertrauen und Zusammenhalt im Kollegenkreis – beides sei immens wichtig. „Die Firma teilt zwar die Leute für die jeweilige Baustelle ein, aber ich muss vor Ort die konkreten Teams zusammenstellen. Jeder hat ja sein Spektrum, in dem er besonders gut ist; das wird berücksichtigt.

Eigentlich muss es besser im Miteinander funktionieren als in einer Familie", meint Wotoschek „Wenn es zuhause mal nicht klappt, herrscht nicht gleich Lebensgefahr. Beim Gerüstbau steht immer die Sicherheit auf dem Spiel." Spannungen könne man sich nicht leisten, und wenn sie doch entstehen, dann ist es sein Job, sie auszugleichen. Nicht einfach, aber reizvoll, findet er.

Wotoschek gefällt in Köln besonders der Kontakt zu den Menschen drumherum. „Wir kennen die Leute in den Häusern an der Kirche, in den Geschäften". Ebenso wichtig ist die gute Zusammenarbeit mit den anderen Handwerkern: Dachdecker, Steinmetze ... Probleme löst man zusammen, man kann unbesorgt alles auf der Baustelle zurück lassen, nichts kommt weg. Das erlebt er in anderen Großbaustellen ganz anders. Geht doch mal was kaputt, reißt niemand dem anderen den Kopf ab.

Und wie ist es, sich nach so langer Zeit zu verabschieden? „Wenn etwas gut gelaufen ist, geht man gern."

Ingrid Rasch

Baustelle Gotteshaus

Nach zweieinhalb Jahren Bauzeit erstrahlt die Romanische Basilika St. Severin nun in neuem Glanz und steht für die Gemeinde wieder als Gottesdienstort zur Verfügung. Vieles im Inneren hat sich verändert, die Farbgestaltung sowie das Lichtkonzept sind für jeden sichtbar und lassen den Raum in neuem Glanz erstrahlen. Einige Kunstwerke wurden restauriert, auch dies ist unübersehbar. Den Großteil der im Rahmen der Sanierung durchgeführten Arbeiten zum Erhalt des Bauwerkes sieht der Betrachter jedoch nur bei genauerem Hinsehen, aber auch diese Dinge sollen Erwähnung finden.

Gleich zu Beginn der Maßnahmen begann der Abriss der altersbedingt brüchig gewordenen Dacheindeckung, die Schieferdachflächen des Hauptschiffes, des Querhauses, der beiden Flankierungstürme und der Chorbereiche wurden nach und nach komplett erneuert, wozu es rund 80 Tonnen Schiefermaterials bedurfte. In den Seitenschiffbereichen ersetzte man die Abdichtung aus Bitumendachbahnen durch eine hochwertige Kupfereindeckung.

Im Rahmen der Dacharbeiten wurde das Holzwerk des Dachstuhles überprüft, an einzelnen Stellen mussten Balken aufgrund alter Brand- und Feuchtigkeitsschäden ausgetauscht werden, auch einige statische Ertüchtigungen waren notwendig.

Die komplette Dachentwässerung einschließlich Fallrohre wurde erneuert und den durch Starkregenfälle erhöhten Anforderungen angepasst. Auch hier kam Kupfer zum Einsatz; künftig wird das Regenwasser über rund 180 m Dachrinnen und 200 m Fallrohre abgeleitet.

Parallel zu den Dachdeckern machten sich auch die Maurer und Steinmetze ans Werk. Schon in der Planung war nach den durchgeführten Voruntersuchungen der schlechte Zustand der Strebepfeiler festgestellt worden. Ein kompletter Ab- und Wiederaufbau war unvermeidlich. Beim Abbau wurden die Ankerplatten der quer durch die Kirche verlaufenden Zuganker freigelegt, die man in den 1970er Jahren zur Stabilisierung der auseinanderdriften-

den Obergadenwände eingebaut hatte. Der damals dem Stand der Bautechnik entsprechende hochfeste Sigmastahl wies, bedingt durch eindringende Feuchtigkeit, erhebliche Korrosionsschäden auf. Nach Untersuchungen des korrodierten Materials durch einen Metallgutachter war schnell klar, dass ein kompletter Austausch der Zuganker notwendig war, und dies nicht nur im Haupt-, sondern, wie sich später herausstellte, auch in den Seitenschiffen. Insgesamt wurden so im Laufe der Baumaßnahmen 18 Edelstahl-Zuganker mit einer Gesamtlänge von rund 175 m eingebaut. Diese vor Baubeginn nicht absehbaren Maßnahmen führten zwangsläufig zu Verzögerungen.

Ein weiterer umfangreicher Arbeitsschritt war die von Maurern und Steinmetzen auszuführende Fugensanierung der gesamten Vormauerschale aus Tuffstein. Dazu schnitt man auf über 2.250 qm Fassadenfläche die gesamten Fugen auf. An stark beschädigten Stellen wurden einzelne Ziegelsteine bzw. größere Natursteinelemente ausgetauscht oder mittels Vierungen ausgebessert. Anschließend muste die gesamte Vormauerschale mit einem Trass-Kalkmörtel neu verfugt werden. Einer Sicherung des Verbundes zwischen Vormauerschale und Hintermauerwerk dienen entsprechende Verankerungen; Hohlräume verpresste man mit Hilfe von Mörtelinjektionen.

Die Mehrzahl der bleiverglasten Fenster waren im Laufe der Bauzeit ausgebaut und von einer Glaserwerkstatt saniert worden. Nach Ausbau der Fenster wurden die Maßwerke stückweise abgebaut und anschließend unter Verwendung stärkerer Windeisen neu versetzt. Die Fenster im Obergaden erhielten eine zusätzliche Schutzverglasung.

Parallel zu den Arbeiten im Außenbereich kam es auch im Innenbereich zu umfangreichen Sicherungsmaßnahmen. Ein Gurtbogen wies so umfangreiche Schäden auf, dass einzelne Gurtsteine ausgetauscht werden mussten. Bereits bei der Planung der Gerüste hatte man die Notwendigkeit berücksichtigt, das innere Raumgerüst so auszuführen, dass es die Lasten der Gewölbe aufnehmen konnte. Die den Gurtbogen entlastende Zimmermannskonstruktion, der so genannte Lehrbogen, konnte auf das Gerüst aufgestellt werden. Sodann wurden einzelne Steinquader des Gurtbogens ausgetauscht. Ähnliche Arbeiten waren auch beim nordwestlichen Arkadenbogen notwendig.

Neben den Steinmetzen hatten auch die Elektriker im Inneren der Kirche viel zu tun. Die marode Verkabelung war zu erneuern und an moderne Anforderungen wie die Steuerung des neuen Lichtkonzeptes anzupassen. Eine sinnvolle Leitungsführung auch im Hinblick auf die möglichst nicht zu schädigende historische Bausubstanz stellte dabei eine besondere Herausforderung dar. Ein Großteil der Leitungen wurde oberhalb der Gewölbe im Dachraum verlegt. Nur wenn dies nicht möglich war, verlegte man Leitungen in Schlitzen und schloss diese anschließend wieder behutsam.

Ganz sicher gehören diese Leitungen zu den vielen Dingen, die in den letzten zweieinhalb Jahren in St. Severin verändert wurden, hinterher aber unsichtbar sind. Was wir auch nicht sehen oder mit Händen greifen können, ist das große Engagement, mit dem hier die Mitarbeiter aller am Bau beteiligten Firmen an die Arbeit gingen. Vertrauen und gegenseitiger Respekt standen dabei immer im Vordergrund. Den Handwerkern gilt daher unser ganz besonderer Dank! Nun ist die Arbeit nahezu beendet, fast wird man die regelmäßigen Baubesprechungen vermissen. Den Raum der Severinskirche wieder von gemeindlichem Leben erfüllt zu wissen, ist ein schönes Gefühl, mit dem man gerne neuen Aufgaben entgegengeht.

Barbara Ellerbrok und Jens Kratzheller

IVNGITVR ASSVMPTA

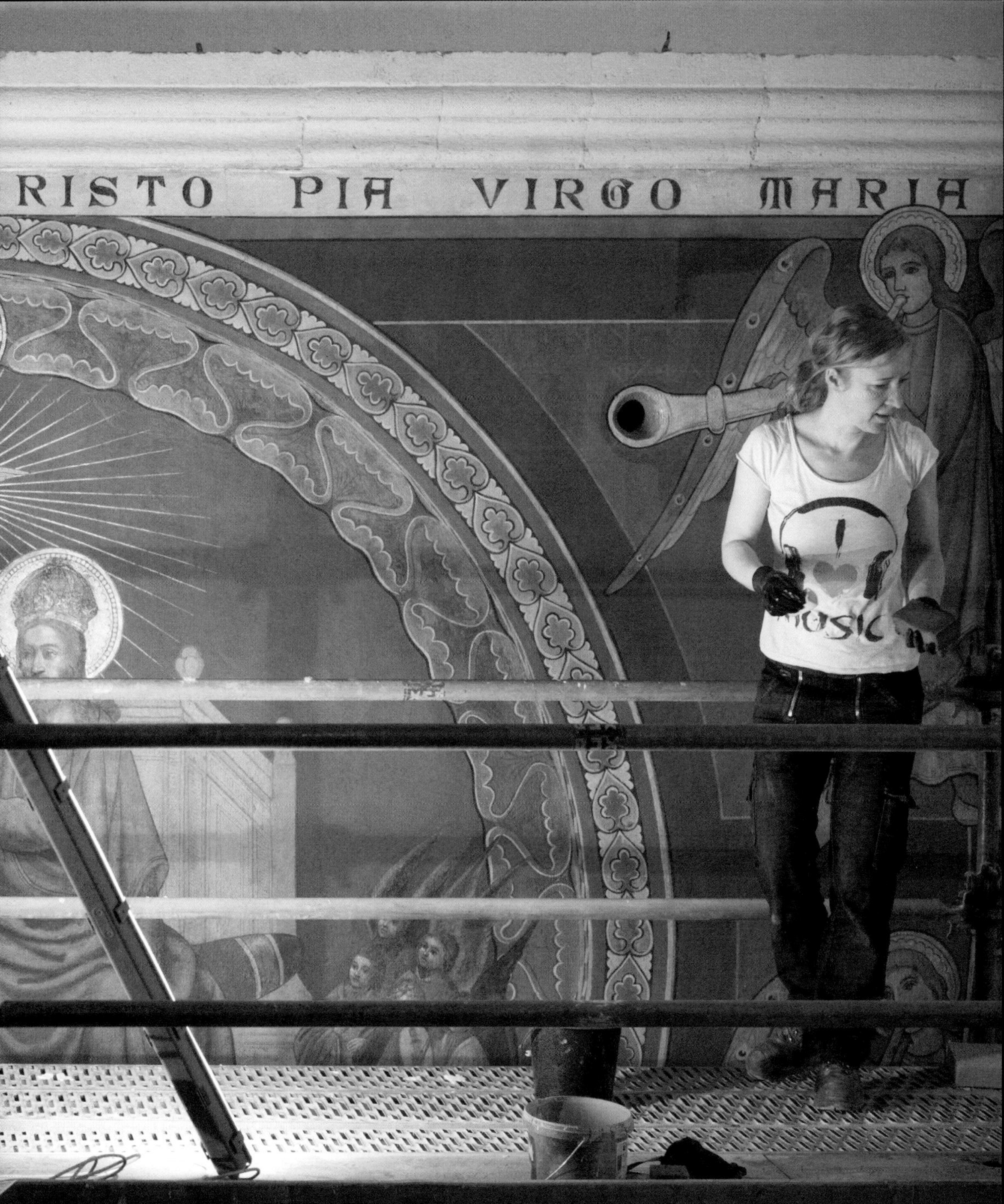
RISTO PIA VIRGO MARIA
MUSIC

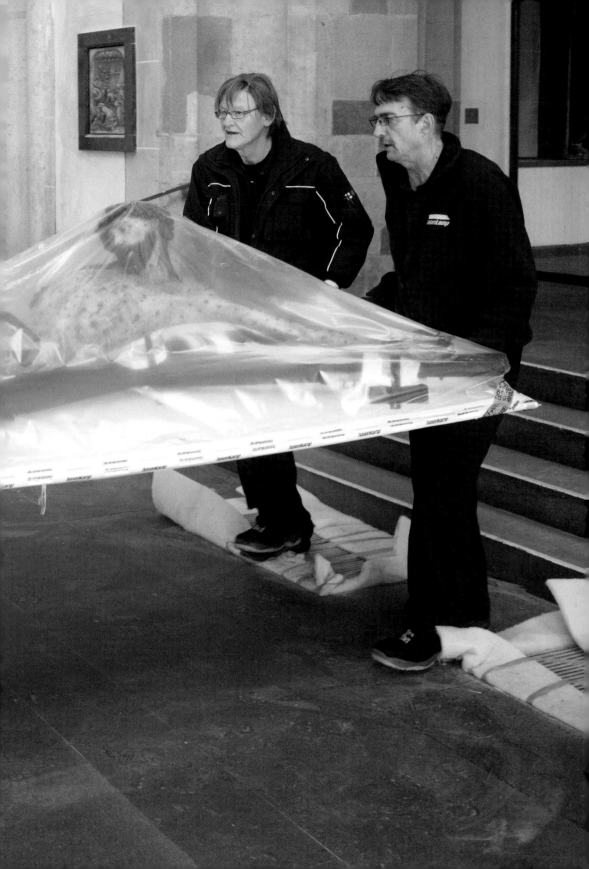

Dñs Joħes maugm deruloz doctor b° rdbe ꝑꝰ

Eum ãnos dñi CCCClxxvi cū sacrã eccł
unius arriana ħēsis maculasset. cõuēnꝰ
ꝓꝰ apud opidū agrippinēse vt Eufratā arriani
deponērēt et aliū idoneū insꝭnueiūt. Hõ et scm̄ ꝭ
duēla ꝗꝫ cõuocante et ꝓ̃ꝭu cofmāre sequētibꝰ sꝭꝫ̄.

Übersicht

Allen abgebildeten Personen
danke ich ganz herzlich. Nicht
immer konnte bei der Aufnahme
die Einwilligung erbeten werden.
Wer sich auf einem Bild im Buch
wiederfindet, kann sich gerne an
mich wenden und erhält einen
Abzug:

Eusebius Wirdeier
Redwitzstraße 59 · 50937 Köln
Telefon 0221 – 444 876
eusebius.wirdeier@netcologne.de

Einbandaußenseiten   Gerüste im
Langhaus von St. Severin, Blick in
den Chor. 23. Februar 2016

Einband, vordere Klappe außen
Reliquienkreuz, sog. Salierkreuz,
11. Jh., Detail. 22. März 2017.
Im Bergkristall spiegeln sich
die Fenster des nördlichen
Obergadens von St. Severin.

Einband, vordere Klappe Innenseite   St. Severin, Bodenmosaik im
Hochchor, Marmor, Mitte 12. Jh.
1. Mai 2017

Seite (2) Frontispiz   Dachdeckerin
auf der Spitze des nördlichen Chor-
flankenturms von St. Severin.
16. Februar 2016

Seiten 4–5   Silvester im Vringsveedel, von der Annostraße 84 aus.
31. Dezember 2015/1. Januar 2016

Seiten 6–7   Witterungsschaden
am Gesims des südlichen Chor-
flankenturms von St. Severin.
23. Februar 2016

Seiten 8–9   Alltag in der Straße
An St. Magdalenen, 14. März 2016

Seiten 11–1
Zweieinha
Jahre
Textbeitra
von
Johannes
Quirl

Seite 10   Severinsmühlengasse
mit Chor und Chorflankentürmen
von St. Severin. Von der Annostraße aus. 1. Januar 2016

Seite 13   Baustellenzone
am Chor von St. Severin.
Im Ferkulum, 1. Januar 2016

Seite 14–15   Ein Steinmetz haut
auf dem Gerüst vor dem südlichen
Obergaden ein Würfelkapitell aus
einem Quader Udelfanger Sand-
stein heraus. 23. Februar 2016

Seiten 16–17   Auffangbehälter
zur Staubabsaugung im Kreuzgang. 23. Februar 2016

Seiten 18–19   Stahlrohrgerüste
füllen den gesamten Kirchenraum
aus. Blick nach Osten in den Chor.
23. Februar 2016

Seiten 20–21   Inspektion des
neuen Schieferdaches auf dem
Langhaus. Nördliche Traufe.
23. Februar 2016

Seite 22–23   Blick vom Gerüst am
Langhausdach nach Norden, auf
Nachbarhäuser und Innenstadt.
23. Februar 2016

Seiten 24–25   Eine Plane schützt
das Schreinsgehäuse in der nördlichen Bischofskapelle vor Staub.
23. Februar 2016

Seiten 26–27   Straßenmusiker und
Passanten auf dem Severinskirchplatz. Ladeverkehr und Baustellen-
betrieb vor dem Westturm.
14. März 2016

Seite, 28–29   Prozession während
der „Hörnchensmesse" in der Kirche
St. Cäcilien/Museum Schnütgen, wo
Pfarrer Quirl die Messe feiert.
12. April 2016

Seiten 30–31   Das Corneliushorn
aus St. Severin wird einige Monate
im Museum Schnütgen ausgestellt.
Köln, Cäcilienkirche, 12. April 2016

Seiten 32–33   Ein Riss im Holz
des Barthel-Bruyn-Altars wird ver-
leimt. Restaurierungswerkstatt in
Kolumba. Kunstmuseum des Erzbistums Köln. 2. Juni 2016

Seiten 34–35   Der Leim wird mit
Injektionsspritzen in einen Riss im
rechten Seitenflügel des Barthel-
Bruyn-Altars gepresst. Restaurierungswerkstatt in Kolumba. Kunstmuseum des Erzbistums Köln,
2. Juni 2016

Seite 36   Crucifixus dolorosus, aus
St. Severin. Köln, 2. Hälfte 14. Jh.
Ausgestellt in Kolumba. Kunstmuseum des Erzbistums Köln. Aufnahme vom 20. Juni 2016, Ausschnitt

Seite 37   ... damit alles so bleibt, wie es ist
Textbeitrag von Joachim Oepen

Seite 38–39. Drei Bilder aus dem
Serveriuszyklus. Rechts „Der Wan-
derer", 1972, von Michael Buthe.
Ausstellung „Der rote Faden. Ordnungen des Erzählens" in Kolumba.
Kunstmuseum des Erzbistums Köln,
20. Juni 2016

Seiten 40–41   Die Pfarrprozession
macht eine Statio im Friedenspark
im Fort I unter dem Denkmal für die
Gefallenen des ersten Weltkriegs.
19. Juni 2016

Seiten 42–43   Die Pfarrprozession
auf der Teutoburger Straße, Ecke
Alteburger Straße
19. Juni 2016, Ausschnitt

Seiten 44–45   Das Pfarrfest wird
diesmal an der Kirche St. Maternus
gefeiert. 19. Juni 2016

Seiten 46–47   Hinweise an der
Eingangstür zur Kerzenkapelle im
Westturm von St. Severin.
3. Juli 2016

Seiten 48–49   Während die Gemeinde mit den bei der Renovierung beteiligten Handwerkern im
Kreuzgang grillt, geht es unter
dem Gewölbe des Langhauses um
die Farbgebung für die Kapitelle.
Aufnahme vom 4. Juli 2016

Seite 50
St. Severin von Osten,
südlicher Chorflanken-
turm und Chor sind
eingerüstet.
Vom Dach des Hauses
Im Ferkulum 42 aus.
7. September 2016

Seite 51   Lieblingsbaustelle
Textbeitrag von Anna Pawlik

Seiten 52–53   Kunsttransporteure
laden den Severinusschrein auf der
Domplatte ab, der in der Werkstatt
der Domgoldschmiede restauriert
werden soll. 7. Juli 2016

Seiten 54–55   Dienstags und frei-
tags ist Ökomarkt
auf dem Severinskirchplatz.
12. Juli 2016

Seiten 56–57   Tankschiff, Wohn-
bauten am linken Rheinufer, Bayen-
turm und Severinskirche von Osten.
Von Poll, von der Alfred-Schütte-
Allee aus. 13. Juli 2016

Seiten 58–59   Vorbereitungen
zum Röntgen des Abendmahltriptychons von Bartholomäus Bruyn.
Prof. Portsteffen von der TU Köln
mit Restauratoren in der Restaurierungswerkstatt von Kolumba.
11. August 2016

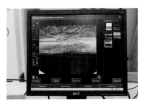

Seiten 60–61 Die Sichtbarmachung der Inschrift auf dem Rahmen des Abendmahltriptychons ergibt eine neue Datierung und Hinweise auf das Stifterpaar. Restaurierungswerkstatt in Kolumba
11. August 2016

Seite 62
Römische Sarkophage und Gerüsttreppen an der Nordseite des Langhauses von St. Severin. Im Ferkulum 29, 25. Juli 2016

Seite 63 Hüllen
Textbeitrag von Christoph Schaden

Seiten 64–65 Der Severinusschrein wird in der Werkstatt der Domgoldschmiede restauriert.
10. Oktober 2016

Seiten 66–67 Die Schreinsprozession besucht auch in diesem Jahr die Evangelische Gemeinde Köln in der Kartäuserkirche. Im Kirchhof an der Kartäusergasse 7.
23. Oktober 2016

Seiten 68–69 Gerüstbauer stellen ein Gerüst am nördlichen Chorflankenturm auf. Dem Dach des Chores fehlt noch die neue Schiefereindeckung. Aufnahme vom Flachdach des Hauses Im Ferkulum 42 aus.
27. Oktober 2016

Seite 70 Pfarrer Quirl feiert die „Hörnchensmesse" in der Krypta von St. Severin. 6. Dezember 2016 Ausschnitt

Seite 71 Jahreswechsel
Textbeitrag von Rosemarie Amberge

Seiten 72–73 Silvester im Vringsveedel, von der Annostraße 84 aus. Baugerüste an beiden Chorflankentürmen von St. Severin.
31. Dezember 2016/1. Januar 2017

Seiten 74–75 Ausstemmen von Fugen am nördlichen Querhaus und Steinersatz am nördlichen Obergaden von St. Severin.
3. Januar 2017

Seiten 76–77 Am südlichen Obergaden werden neue Bleiverglasungen in die Maßwerkfenster eingebaut. Häuserzeile am Severinskirchplatz und Severinstorburg.
3. Januar 2017

Seiten 78–79 „Die Sitzung" im Pfarrheim von St. Severin. Mehr als 80 Menschen sind auf der Bühne, als die Kölsche Funke rut-wieß vun 1823 mit Tanzpaar auftreten.
28. Januar 2017

Seiten 80–81 Kleine Szene an der Sitzungskasse. Vorraum zum großen Pfarrsaal von St. Severin.
28. Januar 2017

Seiten 82–83 Kaffeepause der Gerüstbauer mit Küsterin und Küster. Langhaus von St. Severin.
31. Januar 2017

Seite 85
Engel
Textbeitrag
von
Ingrid Rasch

Seite 84 Abbau der
Gerüste im Kirchenschiff.
31. Januar 2017

Seiten 86–87 Die Dachdeckerin
bei Aufräumungsarbeiten am
Turmhelm des nördlichen Chor-
flankenturms. 16. Februar 2017

Seiten 88–89 Kleinkindergottes-
dienst vor Fastelovend. Pastor Quirl
begrüßt eine Abordnung der Roten
Funken in der Krypta.
25. Februar 2017

Seiten 90–91 Auf dem Labyrinth
vor dem Westturm. Severinskirchplatz/
Severinskloster. 31. Januar 2017

Seiten 92–93 Metallrestaura-
torinnen arbeiten am Schreinsgehäuse. Bischofskapelle von
St. Severin. 28. Januar 2017

Seite 95–9
Baustelle
Gotteshaus
Textbeitrag
von
Barbara
Ellerbrok
und Jens
Kratzheller

Seite 94 Mittelschiff und Seiten-
schiffe leeren sich langsam. Noch
liegt die hölzerne Arbeitsrampe in
der Längsachse. 16. Februar 2017

Seite 97 Die mächtigen Kapitelle
unter dem Gewölbe des Langhauses
erhalten ihre farbliche Fassung.
3. Januar 2017. Ausschnitt

Seiten 98–99 Die Bildtafeln des
Severinuszyklus werden an beiden
Seitenwänden des Hochchors leicht
geneigt aufgehängt. Das erfordert
viel Augenmaß und Abstimmung.
20. März 2017. Ausschnitt

Seiten 100–101 Restauratorin
beim Reinigen eines Wandbildes
aus dem 14./19. Jh. an der Südwand
des Hochchors. 20. März 2017

Seiten 102–103 Nachdem die
Einhausung der Orgel zurückge-
baut ist, beginnt die Arbeit an
den Pfeifen. 22. März 2017

Seiten 104–105 Rückführung der
in Kolumba ausgestellten und ein-
gelagerten Kunstgegenstände. Der
Crucifixus dolorosus wird in die
Kirche zurückgetragen.
22. März 2017

Seiten 106–107 Auspacken im
Kirchenschiff, 22. März 2017

Seiten 108–109   Untersuchung der Bilder des Severinuszyklus und Protokollierung des Zustands durch eine Restauratorin. 22. März 2017

Seiten 110–111   Die Bänke aus St. Severin werden in der Schreinerei aufgearbeitet. Pulheim, 4. April 2017

Seiten 112–113   Im Kirchenschiff stehen Leitern für die Einrichtung der Beleuchtung bereit. Als letzter Raum wird die Kerzenkapelle gestrichen. 12. April 2017

Seiten 114–115   Osterfeuer im Innenhof. Die Gemeinde ist rundum im Kreuzgang versammelt. 16. April 2017

Seiten 116–117   Mit der Feier der Osternacht wird St. Severin nach zweieinhalb Jahren Renovierung wieder geöffnet. 16. April 2017

Seiten 118–119   Messfeier in der Osternacht. 16. April 2017

Einbandaußenseiten: Gerüste im Langhaus von St. Severin, Blick in den Chor. 23. Februar 2016

Einband, hintere Klappe, Innenseite Pflaster-Labyrinth vor dem Westturm von St. Severin, 20. Jh. Severinskirchplatz, 1. Mai 2017

Einband, hintere Klappe außen: Meister der Ursulalegende und Werkstatt, Legende des hl. Severin, um 1498–1500. Detail aus dem achten Bild, aufgenommen in Kolumba. Kunstmuseum des Erzbistums Köln, 15. Juli 2016 Ausschnitt

Autorinnen und Autoren

Rosemarie Amberge

Rosemarie Amberge, geboren 1936; seitdem im Severinsviertel zuhause; über 60 Jahre ehrenamtliche Mitarbeit in vielfältigen Bereichen der Gemeinde St. Severin – z. B. von Jugendarbeit über Bücherei und Küstervertretung bis hin zu Caritas und Pfarrgemeinderat.

Barbara Ellerbrok und Jens Kratzheller

Barbara Ellerbrok, geboren 1966, und Jens Kratzheller, geboren 1971, beide Architekten aus Köln und vornehmlich im Bereich historischer Bauten tätig, sind bei der Sanierung von St. Severin aus unterschiedlichen Perspektiven dabei:

Jens Kratzheller als von der Gemeinde beauftragter Architekt verantwortlich für die Planung, Ausschreibung und Bauüberwachung der Sanierungsmaßnahmen;

Barbara Ellerbrok als Mitglied des Kirchenvorstands St. Severin, gemeinsam mit u. a. Joachim Oepen als Bauherrenvertreterin.

Joachim Oepen

Dr. Joachim Oepen, geboren 1963 im Kölner Severinsviertel, Mitglied des Kirchenvorstands St. Severin, gemeinsam mit u. a. Barbara Ellerbrok Betreuung der Renovierungsmaßnahme von St. Severin, Historiker und Archivar am Historischen Archiv des Erzbistums Köln, Publikationen zur Kölner Stadt- und rheinischen Kirchengeschichte.

Anna Pawlik

Dr. Anna Pawlik, geboren 1983, Historikerin und Kunsthistorikerin; seit 2015 beim Erzbistum Köln mit der Bau-, Kunst- und Denkmalpflege betraut. Veröffentlichungen zur Kunstgeschichte des Mittelalters.

Johannes Quirl

Johannes Quirl, geboren 1954, seit 1993 Pfarrer von St. Severin, Köln. Wohnt neben der Severinskirche und ist den Menschen „im Veedel" verbunden; u. a. als Vorsitzender des Kirchenvorstands und 2. Vorsitzender der Obdachlosen-Begegnungs- und -beratungsstelle „Vringstreff".

Ingrid Rasch

Ingrid Rasch, geboren 1945, seit langem beheimatet im Severinsviertel, engagiert in pfarrlichen Gremien und Aktivitäten, u. a. in der Öffentlichkeitsarbeit und beim Pfarrbrief der Kirchengemeinde.

Christoph Schaden

Prof. Dr. Christoph Schaden, geboren 1967, wohnt seit 1993 im Severinsviertel und ist seitdem St. Severin verbunden. Kunsthistoriker; zahlreiche Veröffentlichungen, u. a. zu St. Severin. Arbeitet seit 2010 als Bildwissenschaftler an der TH Nürnberg.

Eusebius Wirdeier

Eusebius Wirdeier, geboren 1950. Fotograf, Buchgestalter, Autor, Herausgeber und Kurator. Seit 1968 Ausstellungen, Publikation von Büchern, Katalogen und Zeitschriften. Beschäftigt sich in seiner freien Arbeit mit öffentlichem Raum und Alltag in Köln und im Rheinland.

Berufenes Mitglied der Deutschen Gesellschaft für Photographie (DGPh) seit 1994. Lehrauftrag für Fotografie in der Architektur an der Bergischen Universität Wuppertal von 2001 bis 2004. Fotografische Langzeitprojekte, meist im Zusammenhang mit Veränderungen von Landschaft und Stadtgestalt.

Seit 2016 Beschäftigung mit den Kathedralen in Nordrhein-Westfalen und ihrer fotografischen Abbildung.

Eusebius Wirdeier lebt und arbeitet in Köln.

Dank

Eusebius Wirdeier dankt Joachim Oepen für die Einsetzung seines Preisgeldes aus dem Severinsbürgerpreis 2016 für das Buchprojekt „Severin renoviert".

Autor und Verlag danken für vielfältige Unterstützung des Projekts den folgenden Personen, Institutionen und Firmen: Agrar Konzept (Ökomarkt), David Frahsek, Marktplatznutzer; Rosemarie Amberge; Josef Antons, Küster; Fa. Elektro Baeth GmbH, Köln, Dieter Stemmler; Jürgen Bandsom, Leverkusen, Restaurator; Silvia Bins, Fotografin; Fa. BSB Spezialgerüstbau, Schmölln, Maik Kunze, Christopher Orphal, Tom Wotoscheck; Ingrid Bussenius, Köln, Objektpräsentation, Ausstellungsgestaltung; Ingenieurburo Breiden + Stittgen, Gaiberg; Fa. E. Dahl, Bergisch-Gladbach, Malermeister; Domgoldschmiede, Cordula Baumsteiger und Lothar Schmidt; Jutta Eggeling, Vringstreff; Barbara Ellerbrok; Erzbistum Köln, Katherin Bollenbeck, Dr. Anna Pawlik, Stephan Schröder, Dr. Martin Seidler †; Maria Francisco, Küsterin; Gruppe Köln, Carmen Seuffert, Restauratorin; Katja de Grussa-Bernard, Restauratorin; Hein Derix KG, Kevelaer; Fa. Dertinger. Möbel pur, Xanten, Möbeltischler; Fa. Hasenkamp, Frechen, Stefan Velte, Matthias Szarata; Bernadette Heiermann und Heribert Schulmeyer, Köln; Innenausbau Hanns Hoppermann, Rheinberg; Andreas Hoppmann, Gemälderestaurator; Cornelia Jülich-Rademacher; KartäuserKirche Evangelische Gemeinde Köln; Fa. Klein Beschallungs- und Kirchentechnik, Köln; Kolumba Köln, Kunstmuseum des Erzbistums Köln, Dr. Stefan Kraus, Dr. Marc Steinmann, Christina Nägler; Krankenhaus der Augustinerinnen, Severinsklösterchen; Jens Kratzheller, Architekturbüro Karl Band Nachfolger, Köln; Richard Krey, Tischlerei, Pulheim; Lichtplanung Atelier deLuxe, Offenbach, Daniel Zerlang-Rösch; Dr.-Ing. Maren Lüpnitz, Köln, Bauforschung; LVR-Amt für Denkmalpflege im Rheinland, Pulheim, Marc Peez; Georg Maul; Museum Schnütgen, Köln, Dr. Moritz Woelk; Orgelbau Mühleisen GmbH, Leonberg, Hans-Martin Haap; neue maas 11 GmbH, Mediendienstleister, Köln, Frank Runge ; Dr. Joachim Oepen; Jutta Ollig, Verwaltungsleiterin St. Severin Köln; Prof. Hans Dietmar Portsteffen, TU Köln; Fa. Prange GmbH Bedachungen, Brilon; Pastor Johannes Quirl; Barbara Räderscheidt; Ingrid Rasch; Restauratoren Kartäuserhof GbR, Köln, Michael Streuff; Römisch-Germanisches Museum Köln/Archäologische Bodendenkmalpflege, Köln, Dr. Marcus Trier, Ulrich Karras; Bernhard D. Sanders, Köln; Prof. Dr. Christoph Schaden; Fa. Schorn Bauunternehmung GmbH, Köln, Stefan Nett, Klaus-Dieter Schmidt; Statiker Ingenieurbüro Schwab/Lemke, Köln; Fa. SIGEKO Thurm Sicherheitstechnik, Olpe; Metallbau Staus GmbH, Köln; Prof. Dr. Regina Urbanek, Köln, Restauratorin; Dr. Thomas Werner, Stadtkonservator, Stadt Köln; Zimmermann GmbH Druck + Medien, Köln.

Impressum

Fotoedition

Bibliografische Informationen der Deutschen Nationalbibliothek

Die Deutsche Nationalbibliothek verzeichnet diese Publikation in der Deutschen Nationalbibliographie; detaillierte Informationen sind im Internet über http//:d-nb.de abrufbar.

Impressum

Severin renoviert : Ein Fotobuch von Eusebius Wirdeier. - Köln : Katholische Kirchengemeinde St. Severin Köln, 2017

Copyright dieser Ausgabe © 2017
Katholische Kirchengemeinde St. Severin, Köln
Copyright für Fotografie und Gestaltung © 2017
Eusebius Wirdeier, Köln, <www.eusebius-wirdeier.de>
Copyright für die Texte bei den Autorinnen und Autoren
gesetzt aus der FHKeySans normal 8 p,
gedruckt auf BVS matt 170 g/qm,
Umschlag auf Invercote Creato 260 g/qm
Duplexfarbe: Pantone Warm Gray 5 Coated
Lithoarbeiten: Eusebius-Werke + neue maas 11 GmbH, Köln
Druck: Zimmermann Druck + Medien, Köln
Bindung: Buchbinderei Krupp, Essen

Bestelladresse für das Buch

Katholische Kirchengemeinde St. Severin Köln
(Selbstverlag und Vertrieb)
Im Ferkulum 29, 50678 Köln
Telefon 0221 93184220
Fax 0221 93184234
pfarrbuero@st-severin-koeln.de
www.st-severin-koeln.de
Preis € 24,00

ISBN 978-3-00-056589-2

Zum Abschluss der fotografischen Arbeit in St. Severin und parallel zu diesem Buch erscheint im Verlag der Eusebius-Werke eine Fotoedition mit Fineart-Pigmentdrucken auf Barytkarton.

Zur Auswahl stehen die Fotografien aus dem Buch **Severin renoviert**. Bestellt wird unter Angabe der Seitenzahl, siehe Übersicht auf den Seiten 120 bis 125. Von jedem Motiv werden maximal 30 Exemplare abgezogen. Die Nummerierung ist formatunabhängig und richtet sich nach dem Eingang der Bestellung. Die Fineart-Pigmentdrucke auf Sihl Masterclass Baryta Satin 290 g/m² sind rückseitig datiert, bezeichnet, gestempelt, nummeriert und signiert. Die Fotografien der Edition werden in zwei Standardformaten angeboten:

A Blattmaß 21,0 x 29,7 cm, Bildmaß 19,5 x 28,1 cm
    je Abzug € 350,00 inklusive 19 % Mehrwertsteuer
B Blattmaß 30,5 x 40,5 cm / Bildmaß ca. 26 x 38 cm
    je Abzug € 550,00 inklusive 19 % Mehrwertsteuer
Weitere Formate und Preise auf Anfrage.
Lieferzeit ca. zwei Wochen.

Bestelladresse für die Fotoedition

Verlag der Eusebius-Werke
Eusebius Wirdeier, DGPh
Redwitzstraße 59
50937 Köln
Telefon 0221 444 876
eusebius.wirdeier@netcologne.de
www.eusebius-wirdeier.de